AF382886

MAÎTRISER L'ART DU STORYTELLING

Techniques et astuces pour être plus convaincant

Par Nicolas Martin

50MINUTES.fr

MAÎTRISER L'ART DU STORYTELLING

- **Problématique ?** Comment avoir recours efficacement au storytelling, cette technique de narration à la mode ?
- **Utilité ?** Le storytelling est présent dans tous les domaines. En comprendre les rudiments et réussir à en maîtriser les mécanismes pour l'utiliser à bon escient se révèle donc essentiel.
- **Contexte professionnel ?** Recherche d'emploi, présentation d'un projet, communication d'entreprise, commercialisation d'un produit ou d'un service.
- **FAQ ?**
  - À quoi sert le storytelling ?
  - Quels sont les usages du storytelling en entreprise ?
  - Comment construit-on une histoire ?
  - Quels sont les risques à prendre en compte lorsque l'on envisage le storytelling ?
  - Qu'est-ce qui fait l'efficacité du storytelling ?

- <u>Où trouver l'inspiration pour créer un story-telling ?</u>

> « Le storytelling est la grammaire de la communication. »
> Sébastien Durand

Le storytelling est loin d'être une technique de communication née ces dernières années, au cours de notre « ère numérique ». Cet « art de concevoir et de raconter des histoires » existait déjà dans la Grèce antique, à l'époque d'Homère (viiie siècle av. J.-C.). En tant qu'individus, nous sommes et avons toujours été davantage sensibles à une information lorsqu'elle est mise en scène à travers une histoire.

Pour quelle raison ? Essentiellement parce qu'une histoire permet de faire appel aux émotions et de toucher les individus d'une manière bien plus personnelle que tout autre forme de message.

Qu'y a-t-il de plus efficace finalement que de donner à un récit un peu de caractère et de personnalité afin de retenir un moment d'attention dans un environnement hyper-communicationnel ? Car au milieu de cette surabondance d'informations, il peut être difficile, d'une part, de trouver les informations que l'on cherche ; d'autre part et surtout, de communiquer de façon efficace pour que son message ait une chance d'être entendu.

Avoir recours au storytelling peut donc substantiellement faire la différence, tant sur le plan personnel que dans le monde professionnel, à condition d'en maîtriser les principes clés. Il s'agit d'un équilibre périlleux entre personnalisation et banalisation de votre message, entre une méthode à appliquer et une « marque de fabrique » à développer. Mais il s'agit surtout d'un processus créatif, intellectuel et rempli de sens autant pour vous que pour votre cible, dont il ne faut jamais négliger l'importance des émotions engendrées par votre message. Que ce soit dans le cadre d'une recherche d'emploi, de la présentation d'un projet dont vous êtes en charge ou d'une nouvelle communication en interne, ne vous racontez pas d'histoires, votre maîtrise du storytelling le fera pour vous !

B.A.-BA D'UN STORYTELLING RÉUSSI

LE STORYTELLING : *QU'ES AQUÒ ?*

Utilisé depuis la nuit des temps, né avec l'humanité elle-même, le storytelling tel que nous le connaissons actuellement s'est cependant développé dans le milieu des années quatre-vingt-dix aux États-Unis. À l'origine du storytelling moderne, Steve Denning (né en 1944), expert en communication et spécialiste du sujet, qui a réécrit sa propre histoire, pour ne pas dire sa propre légende, la « Zambia Story » :

> « En 1996, après un parcours réussi dans la hiérarchie de la Banque mondiale, j'ai été nommé au poste de responsable directeur du programme de Knowledge Management. Mais cette prétendue promotion fût en réalité une mise au placard, et j'avais alors presque moins de pouvoir d'action que le responsable de la cafétéria... J'ai tenté de convaincre les cadres de la Banque mondiale de l'importance du Knowledge Management, mais mes collègues comme les

dirigeants restaient sourds à mes arguments. Après avoir tout essayé, j'ai donc fini, un peu en désespoir de cause, par recourir à l'histoire d'un agent de santé de Zambie qui trouva les réponses à ses questions sur le traitement du paludisme sur le site internet des CDC (Centers for Disease Control and Prevention) du ministère américain de la santé : c'est en utilisant cette anecdote que j'ai réussi à montrer l'importance du programme de Knowledge Management et à faire valoir le rôle que pourrait jouer la Banque mondiale dans ce domaine ! »

Selon lui, dans nos sociétés modernes, la communication classique a atteint ses limites, ce qui explique l'indifférence totale du public envers la plupart des messages vus et reçus chaque jour. Denning critique plus précisément la traditionnelle trilogie du discours persuasif :

- énonciation d'un problème ;
- analyse du problème ;
- préconisation d'une solution adaptée.

Il met désormais en avant une trilogie de communication plus en phase avec la manière actuelle de voir les choses, et qui fonde le storytelling.

Celle-ci s'appuie sur les éléments suivants :

- capter l'attention de la cible ;
- l'inciter au changement ;
- la convaincre par l'utilisation d'arguments raisonnés.

Le terme « storytelling » s'est à présent imposé, non seulement dans le monde du management, mais également en politique et dans bien d'autres domaines. Cette technique de mise en récit implique la création ou re-création d'une histoire qui s'appuie sur des actions et des événements fictifs ou réels. Peu importe la forme que prend le récit, tant qu'il rapporte des faits s'appuyant sur une réalité ou sur une réalité adaptée.

L'objectif premier du storytelling est donc de transmettre, de séduire et de persuader grâce à une communication qui concilie information et émotion, raison et passion. Dans cette démarche, la volonté de donner du sens au lien qui va se créer avec le destinataire du message ainsi que celle de lui procurer l'envie de prendre part à cette « belle histoire » sont primordiales. Car, au final, qu'y a-t-il de plus important en communication, que ce soit au niveau professionnel ou personnel, que de réussir à toucher son interlocuteur de sorte qu'il retienne sans trop d'efforts le message transmis ?

TYPOLOGIES

Le storytelling est une technique de communication d'autant plus efficace qu'elle joue sur l'affectif. Cependant, pour créer et mettre en place un storytelling, il faut tenir compte de son domaine d'application. Bien qu'il existe des éléments indispensables à toute histoire, certains secteurs, comme celui des entreprises, induisent des exigences différentes.

Malgré l'apparente diversité des histoires que les entreprises ne cessent de mettre en scène, Sébastien Durand, consultant de référence en communication et storytelling, les a regroupées en sept typologies distinctes, schématisées sous la forme d'un calendrier hebdomadaire.

Les sept typologies

JOUR	**Lundi** (jour de Diane, déesse de la Lune)
MOTS-CLÉS	Labeurs
ACTIONS	Vaincre les préjugés et être reconnu à sa juste valeur.
EXPLI-CATION	À l'instar de la Lune qui n'est éclairée qu'indirectement par le Soleil, certaines firmes ont du mal à obtenir de la visibilité, principalement celles qui opèrent dans des domaines complexes, pas très « sexy » ou dans le B2B. Il s'agit pour elles de travailler dur afin de mettre en avant leur valeur ajoutée.

JOUR	**Mardi** (jour de Mars, dieu de la guerre)
MOTS-CLÉS	Conquêtes
ACTIONS	Conquérir et s'adapter avec agilité.
EXPLI-CATION	D'autres entreprises se donnent comme objectif de s'ériger en leader de leur secteur. Elles sont donc en constante compétition avec leurs concurrents et misent sur la flexibilité et l'innovation pour conquérir leur marché.

JOUR	**Mercredi** (jour de Mercure, dieu du commerce)
MOTS-CLÉS	Réassurance
ACTIONS	Inspirer la confiance et être proche de ses clients
EXPLI-CATION	D'autres encore aspirent à devenir le produit ou service préféré de leurs clients, en inspirant confiance. Ce sont ces derniers qu'elles mettent en avant lors de leur communication. Ces entreprises travailleront donc en priorité sur leur côté familial par exemple. Mais attention, la confiance et la proximité se gagnent durement et se perdent facilement. La typologie du mercredi est donc constamment à la recherche d'un consensus entre la nécessité de faire du commerce et celle de rassurer les clients.

JOUR	**Jeudi** (jour de Jupiter, roi des dieux)
MOTS-CLÉS	Puissance
ACTIONS	Être puissant et le rester
EXPLI-CATION	Il s'agit de la typologie des grandes entreprises, comme les multinationales ou les grosses institutions. Elles convient aux marques dont la puissance en fait des leaders incontestables et leur donner le loisir de laisser les clients venir à elles plutôt que de se mettre à leur niveau pour les attirer.

JOUR	**Vendredi** (jour de Vénus, déesse de la beauté)
MOTS-CLÉS	Amour
ACTIONS	Devenir plus beau et susciter le désir
EXPLI-CATION	Les entreprises de la mode et des cosmétiques ou encore certaines marques de café ou de smartphones ont pour leitmotiv de rendre le monde plus beau et plus jeune. Elles auront dont pour but principal de susciter le désir pour leurs produits ou services en faisant rêver leurs clients.

JOUR	**Samedi** (jour de Saturne, dieu de tous les excès)
MOTS-CLÉS	Sensualité
ACTIONS	Libérer les sens et ne plus se fixer de limites
EXPLI-CATION	Certaines entreprises visent un public particulier au détriment des autres, comme dans le marketing ethnique ou homosexuel par exemple. L'accent est alors mis sur l'originalité, la spécifité du client, le dépassement de soi ou la libération des sens.

JOUR	**Dimanche** (jour d'Apollon, dieu du Soleil)
MOTS-CLÉS	Connaissance
ACTIONS	Éclairer et partager la conaissance
EXPLI-CATION	Enfin, les entreprises d'édition, de presse, et toutes celles qui se donnent pour mission d'apporter la connaissance aux hommes recherchent généralement l'admiration de leurs clients pour leur expertise. Attention cependant, les entreprises qu'on admire ne sont pas toujours celles qu'on aime…

Ces sept types d'histoires ne représentent qu'un « cadre narratif », c'est-à-dire une base, un point de départ dans la construction d'un storytelling relatif à une entreprise. Après avoir déterminé de quelle typologie on relève, le modèle du storytelling est plus évident et les éléments qui le constituent, comme le héros, les obstacles et les solutions, sont plus faciles à mettre en récit de façon cohérente, et donc efficace.

DOMAINES D'APPLICATION

En dehors du monde des entreprises, le storytelling en tant que technique de communication est employé dans de nombreux autres secteurs.

La communication

La communication désigne l'action de diffuser un message. Le storytelling étant une technique de communication, il est évident que cette matière est la première concernée. Il convient de rappeler la nature transversale de la communication, que l'on retrouve évidemment dans tous les autres domaines évoqués plus bas, ainsi que son adaptation à toutes sortes de situations spécifiques qui nécessiteront des techniques différentes. Quelques exemples :

- communication institutionnelle ;
- communication interne ;
- communication externe ;
- communication de crise ;
- communication stratégique ;
- communication politique ;
- communication des entreprises ;
- communication internationale ;
- communication culturelle.

PETITE CLARIFICATION

Il est nécessaire d'envisager tous ces domaines interconnectés. Par exemple, il est tout à fait possible de mettre en place un storytelling dans le cadre d'une communication de crise d'une entreprise internationale. Trois sous-domaines avec leurs propres exigences sont ici réunis, d'où l'importance d'avoir connaissance de tous les paramètres à prendre en considération.

Puisqu'il a pour ambition de dépasser la rhétorique descriptive et linéaire, le storytelling vient casser la communication traditionnelle, qui s'appuie sur des éléments externes, objectifs et savants. Il entraîne l'esprit de chacun dans des situations qui relient l'imaginaire au vécu, le particulier au global, l'inconscient personnel à l'inconscient collectif. Le storytelling fait donc appel à la subjectivité des interlocuteurs à partir de la subjectivité du locuteur : les messages sont conçus autour de ce principe fondamental. Il s'agit désormais de remplir une fonction relationnelle et plus seulement d'essayer d'influencer les comportements.

Le marketing

Tout comme la communication, le marketing est une branche relativement transversale et qui se retrouve aussi bien dans les entreprises que dans les institutions. Le storytelling vient alors diversifier et surtout actualiser les approches et les outils traditionnellement utilisés dans ce secteur.

La vie des organisations

Les entreprises sont celles qui s'appuient le plus sur la mise en récit, que ce soit pour vendre un nouveau produit ou service, pour communiquer de nouvelles valeurs ou au niveau du management interne. Le storytelling utilisé par les entreprises vise à établir une nouvelle relation, à partager une histoire avec le client, et non plus uniquement à provoquer l'achat d'un produit ou d'un service.

Le management et les ressources humaines

Ces deux spécialités développent une relation particulière avec le storytelling, qui leur permet de mettre l'humain en valeur. Il provoque l'intérêt et la solidarité des équipes autour d'enjeux ou de projets en ce qui concerne le management, et il implique davantage les collaborateurs dans l'entreprise et dans son histoire pour ce qui est des ressources humaines.

Sur le plan personnel, dans le cadre d'une recherche d'emploi, il peut être intéressant de mettre judicieusement en récit son parcours professionnel, afin de renvoyer une image plus forte lors d'un entretien. Ce procédé demande une réflexion qui prend du temps. Il est en effet nécessaire de trouver des liens entre sa formation, ses activités et ses expériences professionnelles, et de montrer la cohérence entre tous ces éléments à travers une histoire dont vous êtes le protagoniste. Celle-ci se basera donc sur des faits concrets, mais ce sera surtout le fil conducteur et la manière dont vous mettrez votre parcours en scène qui importera. Vous pourrez également diffuser ce storytelling dans la rubrique « Résumé » de votre compte LinkedIn pour lui offrir une visibilité optimale.

La politique

Le storytelling politique est très courant, mais aussi très controversé. S'il permet de favoriser les dimensions humaine et symbolique d'une société, il est souvent utilisé à des fins manipulatrices avec des intentions moins vertueuses. Utilisé à bon escient, en s'appuyant sur un vécu commun, il permet de créer une relation, voire une certaine confiance propice à dessiner une aventure collective. Cela peut à son tour redynamiser le domaine politique, généralement empreint d'images négatives, et donner un nouveau souffle à la citoyenneté et à l'expression de la démocratie.

Et beaucoup d'autres...

D'autres domaines ont bien entendu recours au storytelling, comme l'économie, la médecine, la psychologie, le journalisme, la pédagogie et même les sciences sociales. Parce qu'il crée une nouvelle dynamique, il est et sera encore utilisé dans de nombreux domaines, d'autant plus sous cette nouvelle ère numérique, alors que la quantité d'informations divulguées est de plus en plus importante.

Enfin, il faut garder à l'esprit que tous ces champs d'application de la mise en récit impliquent des cibles différentes – clients, employés, recruteurs, électeurs, etc. – dont il faut tenir compte lors de la construction d'un storytelling. Ce sont ces personnes qui recevront vos messages et c'est avec leurs émotions que votre histoire sera interprétée.

LES ESSENTIELS DU STORYTELLING

Tout le monde fait du storytelling, de manière intentionnelle ou non. Il est donc utile à chacun d'être capable de repérer certains éléments indispensables à toute histoire, quel que soit le domaine ou l'objectif considéré. Ce sont ces éléments qui font l'efficacité de cette technique de communication et qui permettent de créer une relation différente avec le destinataire du message.

Préalable

Commencez, assez logiquement, par définir l'objectif de votre storytelling, le « pourquoi je le raconte ».

Dans le cas d'une entreprise par exemple, il sera nécessaire de faire le point sur la raison d'être de l'entreprise, c'est-à-dire sur ce qu'elle apporte à la société en général et en quoi elle répond aux attentes de ses clients. Il vous faut pour cela bien connaître votre cible. Cela vous amènera plus facilement à dégager l'image que vous désirez en véhiculer, telle que celle d'une firme experte en son domaine, ou proche des gens, divertissante, moderne, etc. À partir de là, listez les éléments susceptibles d'être tournés en récit, comme par exemple la genèse de la marque, son côté innovateur, le(s) lieu(x) de production, la figure mythique du fondateur, etc.

Vous êtes maintenant à même de fixer un but précis à votre démarche, qu'il s'agisse de raconter votre histoire de marque, de moderniser l'image d'une entreprise historique, de donner vie à vos produits, de renforcer l'expérience de la marque auprès des clients, de montrer que vous êtes là et de faire vivre votre présence sur le long terme, etc.

Construction initiale du récit

Passons à présent à la construction du récit proprement dit. Pour commencer, toute histoire a normalement besoin des sept éléments suivants :

- un ou plusieurs personnage(s), l'idéal étant de ne prendre qu'un seul protagoniste pour faciliter la construction de votre récit ;
- un ou plusieurs lieu(x) ;
- une temporalité, continue ou non (sauts dans le futur et/ou retours dans le passé) ;
- une intrigue ;
- le point de vue d'un narrateur (personnage ou voix externe) ;
- un ton narratif spécifique (formel, informel, humoristique, parodique, etc.) ;
- un sujet ou un thème qui traduit l'objectif de votre storytelling, défini au point précédent.

LE THÈME DE L'HISTOIRE

Un bon moyen de produire un récit original et marquant consiste à laisser le personnage se définir lui-même et définir l'orientation de l'histoire par les décisions qu'il prend et les actions qu'il entreprend. En somme, gardez toujours à l'esprit la finalité de votre récit – le « pourquoi je le raconte » –, tout en laissant le message se former de lui-même à travers votre créativité et au fur et à mesure de l'avancement de l'histoire. Il est en effet important de ne pas rester prisonnier d'un thème spécifique : vous pourriez ne pas réussir à exploiter convenablement les autres éléments et finir par produire un storytelling stérile. Avec cette méthode, le thème semble découler tout naturellement des six autres éléments.

À ce stade, il s'agit de poser ces éléments séparément, sans leur ajouter du contenu. On détermine par exemple qui est le personnage, mais on ne réfléchit pas encore à son caractère ou à son comportement.

Par ailleurs, il existe trois types d'histoires :

- les histoires basées sur des expériences personnelles ;
- les histoires traditionnelles (qu'il faudra bien sûr retravailler à sa sauce) ;
- les histoires inventées, souvent issues de la combinaison de plusieurs éléments tirés d'expériences personnelles.

Une fois la nature de votre histoire et ses éléments de base déterminés, vous êtes prêt à poursuivre la construction de votre storytelling de façon plus détaillée et créative.

Déroulement du récit

Plusieurs étapes sont à considérer pour pouvoir avancer dans la construction et l'assemblage de votre histoire à travers le travail sur son contenu.

- Étape n° 1 : déterminer la quête. C'est cette quête qui permettra de capter l'attention de votre cible. Votre quête sera en partie définie par l'intrigue et la typologie que vous aurez choisies. Vous pouvez par exemple vous appuyer sur la typologie mardi ou samedi, donc définir un enjeu axé sur l'acquisition de quelque chose ou orienté vers la libération des sens et le dépassement de certaines limites.
- Étape n° 2 : caractériser le ou les protagoniste(s). C'est à ce stade que vous donnez vie à votre/vos personnage(s). Si vous avez décidé que votre récit aura plusieurs héros, veillez à ce que chacun ait une personnalité, un comportement ou une caractéristique physique propre qui permettra de le distinguer des autres. Notez qu'un protagoniste peut également être une chose personnifiée, comme votre carrière si vous avez recours au storytelling au niveau personnel, ou une valeur, un État, une règle, etc.

- Étape n° 3 : définir l'antagoniste, c'est-à-dire l'élément qui va venir mettre en difficulté votre personnage. Cela peut être un autre personnage, une situation, un objet, une valeur, un besoin, etc. Un grand nombre d'éléments peuvent venir s'opposer au personnage, éléments que vous avez peut-être déjà plus ou moins en tête. Prenez le temps de bien travailler votre antagoniste, car sans lui, le récit, dépourvu d'obstacles, n'a plus beaucoup d'intérêt.
- Étape n° 4 : créer les péripéties, qui découlent logiquement de l'antagoniste défini précédemment. Le personnage principal vit plusieurs événements qui l'amènent à ressentir des sentiments différents (bonheur, tristesse, angoisse, etc.), mais qui ne l'empêchent pas d'avancer.
- Étape n° 5 : résoudre la crise et accomplir la quête. Quand la tension maximale est atteinte, il est essentiel qu'un élément vienne démêler le nœud qui s'est créé au cours de l'histoire. Il faut bien entendu que cet élément ne surgisse pas tout à coup du néant. La cohérence avant tout ! Par ailleurs, l'histoire ne peut pas mal se terminer, puisque le but du storytelling est de

propager du contenu positif à propos de vous ou de votre organisation.

- Étape n° 6 : relancer l'histoire. Cette étape est vraiment propre au storytelling. Si les histoires de films ou de livres peuvent s'arrêter à l'étape 5, votre récit, pour sa part, ne doit pas s'achever avec l'accomplissement de la quête. Les narrataires de votre histoire, c'est-à-dire votre cible, doivent pouvoir s'en emparer et le propager à d'autres personnes. Une bonne histoire est une histoire qu'on a envie d'aller raconter à son tour.
- Étape n° 7 : rappeler à la réalité. Enfin, il est important de rattacher l'histoire à la personne qui l'a racontée, autrement dit un politicien, une association, une marque, un individu, etc. Sans cette association, il est fort à parier que votre histoire sera vite oubliée, malgré tout l'impact qu'elle a eu sur vos narrataires.

À présent, la trame de votre récit est prête, et doit faciliter la construction et l'assemblage des divers éléments entre eux. Vous vous rapprochez un peu plus de votre but. Quelques « ingrédients » restent cependant encore importants pour que votre storytelling soit réussi.

Must have

Un storytelling, pour qu'il ne reste pas qu'un simple récit, se doit de comporter quelques ingrédients supplémentaires. Voici donc quatre éléments qui doivent absolument figurer dans votre mise en récit :

un début accrocheur. La façon dont on commence une histoire, tout comme la façon dont on la termine, est déterminante pour l'efficacité du storytelling. Vous disposez de nombreuses manières de débuter votre récit, dont le traditionnel « Il était une fois… ». Cette entrée en matière est sans doute très tentante, mais soyez attentif à ne pas en abuser. Elle n'est pas à bannir pour autant et peut même apporter de l'originalité lorsqu'on l'utilise dans un autre contexte que celui des contes, pour une histoire managériale par exemple. À côté de cette célèbre formule, on peut également commencer son récit par « Imaginez… », « Voici la passion qui m'anime… », « Je me souviens… », « Un jour… », « J'ai toujours… », « Qui n'a jamais… », etc. À vous de faire preuve d'originalité ;

- des émotions. Le storytelling, c'est l'émotion avant tout. C'est le subjectif, l'affectif, les sensations. C'est ce qui le différencie fondamentalement de la communication dite classique. Un message est efficace dans la mesure où il est crédible et tant que le public auquel il s'adresse est prêt à lui accorder cette crédibilité. Et c'est à travers les émotions suscitées que cette crédibilité sera accordée. Gardez donc votre cible au centre de la construction de votre histoire. L'esprit de ces personnes est en quelque sorte la toile sur laquelle vous allez peindre votre histoire ; demandez-vous à tout moment quelles seraient leurs réactions. Attention, cependant, de ne pas miser uniquement sur les émotions, sans quoi votre récit perdra de son efficacité. Tout est une question de dosage, comme souvent ;

- de la passion. Celle-ci est à comprendre comme l'« énergie » essentielle à un bon storytelling. Et la passion dont vous devez parler, ce n'est pas tant la vôtre (entreprise, politique, vous-même) que celle de votre cible. Puisque ce sont vos narrataires qui vont réceptionner l'histoire, celle-ci doit retranscrire leur passion (pour un secteur d'activité, un produit, un service, une valeur, etc.) de façon subtile et astucieuse, afin qu'ils puissent la reconnaître. Vous n'êtes bien souvent qu'un outil pour faire vivre cette passion chez eux ;

POINT CANDIDAT

Il va de soi que le storytelling utilisé à des fins personnelles, pour mettre en scène son parcours, dispose d'une marge de manœuvre plus limitée. Cet aspect passionnel ou énergétique sera donc plus difficile à faire ressortir, mais ce n'est pas impossible. Par exemple, vous pouvez jouer sur la passion de votre recruteur (et donc de l'entreprise) pour les profils comme le vôtre, pour un savoir-être que l'entreprise valorise particulièrement ou encore pour un savoir-faire que seule cette entreprise est capable de manier.

- des images, des représentations. Les narrataires ont besoin d'être stimulés visuellement. Ils doivent pouvoir s'imaginer l'histoire, la visualiser à mesure qu'elle se déroule. Comment provoquer ces représentations visuelles ? Avec des détails qui leur sont familiers, qui leur parlent, qui leur évoquent des situations ou des sensations déjà vécues. Déclencher ces images dans leurs têtes est primordial ; leur imagination fera le reste.

RÉVISIONS GLOBALES

Votre storytelling est prêt. Il ne reste maintenant plus qu'à revoir les détails et répondre à quelques dernières questions avant de se lancer dans sa diffusion.

- Votre storytelling est-il clair ? Non seulement pour ses destinataires, mais aussi pour vous ? Car si la cible de votre récit doit se l'approprier, il est fondamental que vous vous l'appropriiez au préalable. Raconter une histoire n'est pas si difficile ; mais arriver à y mettre de la vie et de la crédibilité, c'est justement une tout autre histoire ! Il vous faut donc en maîtriser l'intégralité et la manier avec une flexibilité inconditionnelle.

- Votre storytelling répond-il à un objectif ? À force d'être immergé dans la construction de l'histoire, on peut perdre de vue l'objectif final que l'on recherche à atteindre via cette technique. Que souhaitez-vous obtenir via ce type de communication ?

- Votre storytelling place-t-il ses destinataires au centre de l'histoire ? Posez-vous cette question car si la réponse est négative, vous allez droit dans le mur. D'autant plus si vous (entreprise, organisation, politique, produit, etc.) êtes le protagoniste principal du récit. Ce n'est pas grâce à vous, mais bien parce que l'histoire parle d'eux que vos narrataires vont être capables de s'y identifier.

- Votre storytelling est-il adapté à votre cible ? Qu'il s'agisse du style, de la nature de l'histoire, des péripéties ou encore du personnage, il faut que ces éléments soient familiers à votre cible. Il semble donc essentiel que vous sachiez bien comprendre qui sont vos interlocuteurs et quelles sont leurs préoccupations. Si vous vous apercevez que la réponse à cette question comprend des zones d'ombre, prenez le temps d'analyser la question à nouveau et revoyez entièrement votre storytelling en fonction de ce vecteur.

- Votre storytelling donne-t-il envie d'être raconté à d'autres personnes ? Si c'est le cas, votre storytelling est efficace. Le but ultime est que votre histoire suscite une réaction du type : « Il faut que je partage ça avec quelqu'un... »

DIFFUSION DU STORYTELLING

Il est maintenant grand temps de diffuser votre storytelling et de le laisser se propager. Ici encore, plusieurs éléments sont à prendre en considération.

La cible que vous visez déterminera en grande partie vos canaux de diffusion, puisque vous souhaitez l'atteindre directement. Mais soyez conscient qu'actuellement, les interconnections entre tous les médias sont de plus en plus fortes. Donc autant vous en servir et penser directement « transmédia », c'est-à-dire avoir recours à l'utilisation combinée de plusieurs médias et développer sur chacun d'eux un contenu différent qui viendra enrichir l'histoire, tout en favorisant les capacités d'interaction en fonction des spécificités de chaque média.

Par conséquent, vous serez amené à décliner votre storytelling sur des supports variés afin qu'il soit adapté aux différents médias sur lesquels il sera diffusé. Vous avez plusieurs choix devant vous, par exemple la création d'une plateforme qui centralise et qui renvoie l'histoire vers tous les médias choisis ou l'utilisation successive de plusieurs médias qui se relayent pour raconter l'histoire.

EXEMPLE DE CAMPAGNE TRANSMEDIA : ONLYLYON

La ville de Lyon s'est lancée dans un storytelling transmedia dont l'objectif consiste à faire découvrir Lyon et sa cuisine sous un nouvel angle. Le personnage central est ici un concept, la Chef Factory. Il s'agit d'une école mystérieuse et prestigieuse qui aurait formé les plus grands chefs et serait à l'origine d'un bon nombre de secrets culinaires français. L'intrigue s'appuie donc sur des éléments réels mais aussi sur une part de faits fictifs.

Un dispositif transmedia a été mis en place sur plusieurs années, sur différents médias et dans des villes différentes, à la fois en France et à l'étranger. Les contenus sont distincts en fonction des médias. On trouve :

- un film pour la télévision internationale ainsi que pour le web, disponible sur un site internet dédié et sur certains blogs, afin de mettre en place l'histoire avec des informations générales ;
- des actions de *street marketing* menées dans différentes capitales étrangères (Bruxelles, Genève, New-York, etc.), comme des dégustations, des jeux ou des compétitions ;
- une page Facebook officielle de l'école pour faire vivre l'histoire sur les réseaux sociaux, notamment à travers les comptes sociaux de certains élèves et professeurs (Twitter, Tumblr, Instagram, etc.). Ces espaces de conversation visent à valoriser les différentes étapes de la campagne et

à établir une relation directe avec les fans de cuisine ;
- un storymaking pour alimenter le storytelling de base, via un kit personnalisé à disposition des bloggeurs culinaires de différents pays pour qu'ils puissent rédiger une anecdote sur leur passage à la Chef Factory et contribuer ainsi à entretenir le mythe ;
- un grimoire, qui est un élément clé du film et du storytelling, lequel sera exposé dans les halles de Lyon Paul Bocuse, véritable temple de la gastronomie ;
- certains contenus réservés aux plus curieux.

TOP CONSEILS

- Le storytelling ne raconte pas votre histoire, mais bien une histoire à votre service. Il constitue donc un outil. C'est LA règle d'or qu'il vous faut respecter quoiqu'il arrive.
- Dans la continuité, ne parlez surtout pas de vous mais plutôt de vos interlocuteurs. Ce sont eux qui vont porter l'histoire et c'est justement en cela que le storytelling diffère des autres techniques de communication. Impliquez-les dans le récit autant que possible, car c'est l'interaction entre le narrateur et les narrataires qui fait vivre l'histoire.
- Captez leur attention et surprenez-les, de façon mesurée et raisonnable bien entendu. Par exemple, une histoire aura plus d'impact si elle est connectée à un moment clé pour vos destinataires : un fait d'actualité, par exemple. Plus vous êtes capable de capter leur attention et de susciter leur surprise, plus vous augmentez vos chances de diffusion de votre storytelling.
- Stimulez l'imagination via des métaphores, des analogies et d'autres outils. Il faut susciter des

représentations visuelles autant que possible.

- Placez l'émotion au centre de votre storytelling, sans complètement délaisser une part de raison. L'émotion est plus qu'importante, elle est indispensable, et c'est ce qui marque la différence avec une communication traditionnelle. Le destinataire du message éprouve des émotions qui vont le guider différemment.
- Adaptez votre storytelling en fonction du média choisi. N'hésitez pas à exploiter leur diversité, en variant la longueur et le format de votre récit. C'est ainsi que vous lui donnerez encore plus de vie et de puissance.
- Ne vous limitez pas dans votre créativité. Si vous suivez certaines étapes élémentaires avec les ingrédients indispensables, la créativité induira l'originalité de votre storytelling et garantira ainsi son succès.
- Consacrez autant de temps que possible à la préparation, mais surtout à la façon dont votre histoire sera déployée. Il va donc falloir la répéter encore et encore afin de vous l'approprier, pour qu'ensuite votre cible puisse se l'approprier à son tour.
- Faites preuve de simplicité, d'authenticité et de liberté pour laisser les destinataires pour-

suivre l'expérience avec leur imagination. Ne cherchez donc pas à tout prix à faire le buzz ou à faire parler de vous de façon générale, au risque de passer complètement à côté de ce que vous cherchiez à atteindre.

- Acceptez que les destinataires s'emparent de votre storytelling, le contredisent et le manient différemment, quitte à parfois le réinterpréter. Il ne faut surtout pas limiter la créativité de vos interlocuteurs, pas plus qu'il ne faut limiter la vôtre. Et qui sait, ils vous donneront sans doute matière à poursuivre sur votre lancée en créant une suite cohérente. Vous ferez ainsi perdurer votre storytelling dans le temps et dans les esprits.

FAQ

À QUOI SERT LE STORYTELLING ?

Il existe différents types d'histoires aux intentions différentes :

- donner du sens ;
- gagner en visibilité ;
- améliorer ou changer son image ;
- rassurer ;
- vendre ;
- fidéliser.

Ces intentions varient bien entendu en fonction du domaine dans lequel le storytelling est utilisé. Il est évident que les entreprises l'utiliseront très souvent pour vendre, mais pas uniquement. Sur le plan personnel, l'intention peut être de vouloir donner du sens à son parcours ou de (se) rassurer sur la direction prise.

QUELS SONT LES USAGES DU STO-RYTELLING EN ENTREPRISE ?

Les usages du storytelling en entreprise sont très nombreux, d'autant plus depuis l'avènement du Web 2.0, et ont tendance à être les seuls cités en exemple, bien qu'il existe beaucoup d'autres domaines d'application de cette technique.

Les entreprises ont énormément recours au storytelling pour :

- vendre leurs produits ou services ;
- communiquer sur leur histoire, leur mission ou leurs valeurs ;
- améliorer la communication en interne, notamment via les RH ;
- redynamiser leur style de management.

COMMENT CONSTRUIT-ON UNE HISTOIRE ?

Une fois que vous avez un but précis en tête, construire une histoire n'est pas aussi difficile que cela peut paraître. Il faut être un peu créatif, mais surtout méthodique et avoir dès le début une idée claire de la structure de base de l'histoire. Une bonne histoire peut se résumer par : un protagoniste, un enjeu, un problème, sa solution, les effets de la solution et un appel à l'action.

En outre, un bon storytelling permet au narrateur de capter l'attention de son public en partageant une quête avec lui. Le conteur déroule ensuite son histoire en arrangeant la place des protagoniste(s), des antagoniste(s), des péripéties et de leurs solutions. Finalement, le récit doit permettre, lors de sa conclusion, de tirer une leçon qui relance l'histoire, et doit proposer une association logique avec le narrateur afin que ce dernier soit bien lié à son storytelling dans l'esprit des destinataires.

QUELS SONT LES RISQUES À PRENDRE EN COMPTE LORSQUE L'ON ENVISAGE LE STORYTELLING ?

Le risque principal est de raconter une histoire pour raconter une histoire ; autrement dit de créer un récit dépourvu de sens et d'intérêt à la fois pour vous et votre destinataire. Il est donc primordial de bien définir l'objectif de votre storytelling et de vous y tenir.

Par ailleurs, deux raisons majeures sont évoquées lors de l'échec d'un storytelling :

- le récit ne parle pas des narrataires mais du narrateur ;
- l'histoire est basée sur la logique et non sur les émotions.

Il est également fréquent que :

- trop d'importance soit accordée à la transmission du message, ce qui amène à négliger l'aspect « récit » ;
- le lien entre l'histoire et le message ne soit pas assez clair ;
- la dimension émotionnelle ait mal été gérée, c'est-à-dire qu'il n'y ait aucune émotion ou, au contraire, beaucoup trop.

QU'EST-CE QUI FAIT L'EFFICACITÉ DU STORYTELLING ?

L'efficacité du storytelling par rapport à d'autres techniques de communication réside dans sa dimension émotionnelle et sa crédibilité. Les destinataires se sentiront davantage connectés à l'histoire parce qu'ils pourront se l'approprier et l'appliquer à leur propre cas.

L'EXEMPLE DE BRITISH AIRWAYS INDIA

Un exemple très évocateur à ce sujet est la campagne de British Airways India intitulée *A Ticket to Visit Mum*. Dans cette vidéo d'un peu plus de cinq minutes, on voit une mère, en Inde, puis son fils, expatrié depuis plusieurs années aux États-Unis. Chacun exprime ses envies : revoir son enfant pour la première, revoir son pays natal pour le second, pouvoir vivre des moments ensemble.

La compagnie aérienne, bien que mentionnée, ne ramène pas la couverture à elle. Elle constitue seulement un élément dans l'histoire de ces deux personnes, celui qui construit l'intrigue et qui permet la surprise. En visionnant la vidéo, les personnes vivant ou ayant vécu loin de leurs proches ne peuvent s'empêcher de s'imaginer à la place des deux protagonistes. Elles ressentent à nouveau certaines émotions et souhaiteront certainement faire partager ces sensations à d'autres personnes qui les comprennent. L'histoire est d'une crédibilité absolue, car elle permet l'identification, et elle fait appel, en outre, aux sentiments de sa cible. Bien plus efficace qu'un « Voyagez avec British Airways pour célébrer les fêtes de fin d'année en famille » !

OÙ TROUVER L'INSPIRATION POUR CRÉER UN STORYTELLING ?

Vous avez peur de ne pas être assez créatif ou de ne pas avoir assez d'inspiration pour vous lancer dans une mise en récit ? Regardez en vous et autour de vous.

* Commencez par faire l'inventaire de ce que vous avez déjà en stock : vos atouts, vos expériences et même vos défauts. Ils peuvent constituer un point de départ, sinon pour votre storytelling, du moins pour activer votre créativité.
* Regardez ce qui se passe autour de vous et ce qui se fait. Faites une veille. Bien sûr, ne copiez pas complètement ce que vous trouverez, au risque d'obtenir l'effet inverse de celui escompté. Mais puisez l'inspiration dans votre

environnement et dans celui du destinataire de votre storytelling. Mélangez et confrontez ce que vous voyez, cela vous permettra d'avoir une base et de déclencher le processus créatif.

À VOUS DE JOUER !

Créer un storytelling efficace est à présent à votre portée. Vous avez en votre possession toutes les cartes pour construire un récit cohérent et susceptible de déclencher des émotions chez votre cible. Des zones d'ombres persistent encore ? Voici un récapitulatif permettant de connecter le narrateur, l'histoire et le(s) destinataire(s) ensemble.

Narrateur, histoire et destinataires

DESTINATAIRES
- Attentes
- Préoccupations
- Passions

VOUS
- Raison d'être, projet global
- Image à véhiculer
- Éléments à mettre en avant

HISTOIRE
- Crédible, claire et facile à retenir
- Créative et/ou surprenante
- Suscitant l'imagination
- Faisant appel aux émotions
- Qui donne envie de la raconter

Bon travail !

POUR ALLER PLUS LOIN

SOURCES BIBLIOGRAPHIQUES

- CERTON (Noémie), « Qu'est-ce qui fait l'efficacité du storytelling ? », in *Cellie*.fr, consulté le 26/03/2015.

- http://www.cellie.fr/2013/03/20/storytelling-numerique-marque/

- DANGEL (Stéphane), *Storytelling Minute*, Paris, Eyrolles, 2014.

- DENNING (Steve), *The Springboard: How Storytelling Ignites Action in Knowledge-Era Organizations*, Hartlands, KMCI Press, 2000.

- DURAND (Sébastien), *Storytelling. Réenchantez votre communication*, Paris, Dunod, 2011.

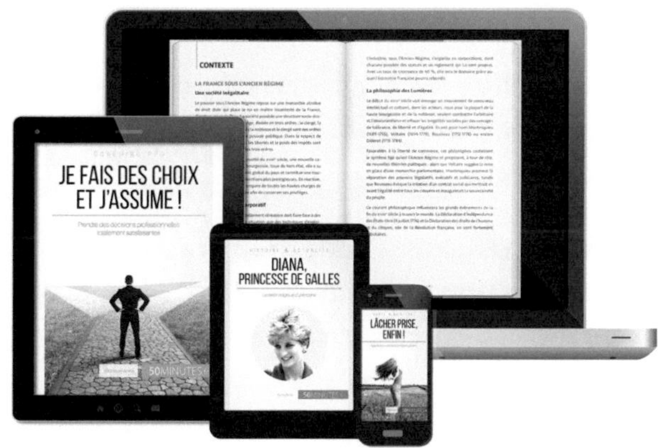